zen-on score

SHOSTAKOVICH

FESTIVE OVERTURE, Op.96

Commentary by Koichi OWA

ex-VAAP AGENT

●Boosey & Hawkes Music Publishers Ltd.
for the United Kingdom and British Commonwealth (except Canada)
and Republic of Ireland
●Les Editions Le Chant du Monde, Paris
pour la France, la Belgique, le Luxembourg,
l'Andorre et les Pays francophones de l'Afrique
●Musikverlag Hans Sikorski, Hamburg
für Deutschland, Dänemark, Griechenland, Island, Israel,
Niederlande, Norwegen, Portugal, Schweden,
Schweiz, Spanien und Türkei
●Fennica Gehrman, Helsinki for Finland
●BMG Ricordi S. p. A., Milano per Italia
●G. Schirmer, Inc., New York
for the United States of America, Canada and Mexico
●Universal Edition A.G., Wien, für Österreich
●Zen-On Music Co., Ltd., Tokyo, for Japan

Shostakovich Complete Edition

《祝典序曲》冒頭の自筆手稿譜（部分）

ショスタコービッチ
祝典序曲　作品96

解説　大輪公壱

　1919年、ペテルブルク音楽院に入学したショスタコービッチ (1906-1975) は、ピアノをニコライエフに、作曲をシテインベルクに師事し、またグラズノフの指導も受けた。

　彼が「ロシアのモーツァルト」と騒がれるのは、1926年、音楽院の卒業作品として書いた第1交響曲が初演された時のことである。後、26才頃までは原始主義や表現主義の影響を受けながら、ヨーロッパのモダニズムに傾いた作風をとった。その時の作品《ムツェンスクのマクベス夫人》（改訂称カテリーナ・イズマイロバ）は、プラウダ紙上において酷評されたことによっても今日よく知られている。続く第5交響曲で、彼は社会主義リアリズムの道へと転ずるが、再び第9交響曲で批判（ジダーノフ批判）をあびることになる。しかしその名誉はオラトリオ《森の歌》によって回復される。だが、真に音楽的な意味ではホ短調の傑作《第10交響曲》によって、作曲者は外界からのイデオロギーの壁をある意味で超え得たのではないかと私は考えている。その偉大なる才能は、プロコフィエフ亡きあと、ハチャトゥリアン、カバレフスキー等とともに、常にソビエト音楽界をリードしていったのである。

　ショスタコービッチは生涯を通じて、その作風を何度か変転させていったが、しかしそこには本質的に初期の第1交響曲に見られるような独自な語法が一貫している。彼の音楽語法は調性に根ざしていて、響きはロシア的また民族的でありながらも、やはりプロコフィエフ同様、西欧的なものが主軸をなしているのが認められる。マーラーやヒンデミットからの影響も否定できないかもしれない。また、前衛、急進派の作曲家は他にもいたのであって（モソロフ、ポポフ、ロスラベッツ、ビシネグラドスキー等）、彼は決してその

領域には属さない作曲家であった。要は同時代の作曲家の中で、ショスタコービッチがやはり才能において他を抜きん出ていたということであろう。

《祝典序曲》作品96は、第10交響曲完成の翌年である1954年、第37回革命記念日のために党中央委員会から委嘱を受け作曲、同年11月6日、モスクワのボリショイ劇場において、アレクサンドル・メリク＝パシャーエフ (1905-64) 指揮、同劇場管弦楽団によって初演された。またこの作品は1952年のヴォルガ＝ドン運河開通に捧げられたとされている。

演奏時間約6分。

出版は1955年国立音楽出版所よりなされた（自筆スコアは国立文学芸術文献中央保存局に保管されている）。管弦楽は3管編成を踏襲しているが、曲の終結部ではより効果的な演奏のために、バンダ（別動隊）────トランペット3、ホルン4、トロンボーン3────を加えるよう作曲者自身の指定がある。以下に編成の詳細を記す。

Piccolo	Banda:
2 Flauti	3 Trombe (B)
3 Oboi	4 Corni (F)
3 Clarinetti (A)	3 Tromboni
2 Fagotti	
Contrafagotto	Violini I
	Violini II
4 Corni (F)	Viole
3 Trombe (B)	Violoncelli
3 Tromboni	Contrabassi
Tuba	

Timpani
Triangolo
Tamburo
Piatti
Cassa

ピッコロ、フルート2、オーボエ3、クラリネット3 (A管)、ファゴット2、コントラファゴット、ホルン4 (F管)、トランペット3 (B♭管)、トロンボーン3、テューバ、ティンパニ、大太鼓、小太鼓*（スネア・ドラム）、シンバル、トライアングル、弦5部及び前記したバンダ（別動隊）。

*イタリア語で Tamburo（タンブーロ）と記されている。これは小太鼓のことを指すのであって、タンバリンではない。

譜例1 (1 - 5小節) (譜例の記譜は実音／以下同じ)

つづいて簡単な楽曲分析を記すが、参照スコアは（旧ソヴィエト）国立音楽出版所"ムージカ"State Publishers "Music" からのショスタコービッチ全集第11巻 (Moscow 1984) による。なお Kalmus 版には提示部 Presto 9小節目のクラリネットパートにミスがある（嬰トでなくホ音が正しい）。

序曲全体は、序奏～主題（Ⅰ,Ⅱ）提示部～展開部～主題再現部～序奏再現部～コーダといった構造で、発展手法は特に複雑ではないが、ロンドソナタ的な展開もみせる。

まず**序奏部**（Allegretto イ長調 $\frac{3}{4}$）[**譜例1**]ではトランペット、続いてホルンが加わり3連符を持つファンファーレが奏される。このホ→嬰ヘ→嬰トとソプラノの上行する全音の線に対して、5小節目から低音部の楽器はホ→ニ→嬰ハ→ロと下降し、ニ→嬰ヘと上行、ホ音に落ちつく。と同時に再びファンファーレはイ長調の主和音第2転回上に奏でられる。すでにこの中に第1主題及び第2主題の要素が含まれ、先のプレストを暗示する。2回目のファンファーレは嬰ハ長調を経て、変ホ長調Ⅰ度の第2転回形上にくり返されるが、この変ホという調性は主調であるイ長調と増4度（又は減5度）関係に位置している調であり、この関係にある2つ調は互いに引き合うといった、同一指向性をもっているの

譜例2（31 - 38小節）

である。単なる気まぐれで変ホ長調へ転調しているのではない。その証拠に後半［譜例7］においても同様な転調を用いているし、また終結部直前のファンファーレの再現においてもしかりである。（ちなみに、ショパンやドビュッシーの音楽は、カデンツ構造をミクロ的にも、またマクロ的にもこの手法に無意識に依存している。）そしてこの変ホ長調は借用和音を含む連続したドミナント、8つの和音により主題へと導かれる。

つづいてテンポは Presto に変わり（イ長調 $\frac{2}{2}$）、弦楽の伴奏上に**第1主題**はクラリネットのテュッティによって奏される［譜例2］。再びこの主題は今度はバイオリンのオクターブでくり返され、ティンパニとトライアングルが加わる。

推移部では第1主題の8分音符の動機（♫♫ ♫♫ ♩.♫ ♩♫）は効果的に用いられ、主題は低音部に拡大型で現れる［譜例3］。動機の拡大型（♩ ♩ ♩）による単純なゼクエンツ（反復進行）を経て、曲は次のテーマへと導かれる。

第2主題［譜例4］（ホ長調 $\frac{2}{2}$）はホルンとチェロのユニゾンで奏されるが、この旋律の前半は第1主題の後半に、また後半は第1主題の前半に音型的に密接に関わっていることがここに発見される。また序奏部ファンファーレの主題音型を内包してい

譜例3 （103 - 112小節）

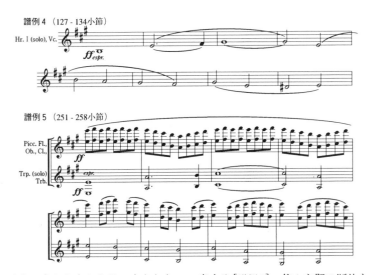

譜例4 （127 - 134小節）

譜例5 （251 - 258小節）

るということもわかる。すなわち、序奏部、第1主題、第2主題は鎖のようにつながっていて曲全体の統一が図られているということになる。

バイオリンとビオラによって第2主題が反復された後は、弦のピチカートにのってクラリネットが第1主題の断片を奏し、小太鼓も第1主題のリズムを模倣する。つづいて弦楽器がイ長調Ⅰ度の第2転回上に第1主題を奏するが、第1主題のリズム音型は引きのばされ、イ長調Ⅰ度の基本形に入ると同時に、トランペットを中心とする金管群は第2主題を

奏する［譜例5］。第1主題の断片と第2主題は同時にポリフォニックに進行する見事な部分である。しかしよりすばらしい箇所、それはこのフレーズの終わり4小節間である。トランペットとトロンボーンは第2主題を奏し、他の楽器がクロマティックに和声づけされたハーモニーで伴奏する。この下行半音階の音型は第1主題の拡大型であり、又第2主題にも関連している音型。つづいてイ長調で再現される第2主題冒頭のイ音から逆によむならば、それはまさに第1主題の拡大逆行、第2主題後半の自由な拡大逆行カノンなのであ

る[譜例6]。筆者はこの部分が、この作品中で最も気に入っている。続いて曲はイ長調で第2主題を確保した後、冒頭のファンファーレで見せた増4度転調を行う[譜例7]。再びイ長調に転じ、主に第1主題の断片を用いて発展した後、低音部はファンファーレの音型を暗示、2度目は、木管や弦楽の装飾を加えてヴァリアントされたファンファーレが Poco meno mosso イ長調 $\frac{3}{2}$ で再現される。作曲者の指定によると、この部分からバンダ（別動隊）が加わる。冒頭のファンファーレ部分と同様に、

譜例6（263 - 270小節）

譜例7（286 - 287小節）※は和声進行の要約

再び変ホ長調へ転じ、第2主題にもとづくコーダ（Presto イ長調 $\frac{2}{2}$）へと曲は *ff* のうちに力強く結ばれる。

　以上が曲全体の簡単なアナリーゼであるが、少々筆者の私見を付加しておく。コーダ部に関してである。この Presto への突入はいくぶん唐突に感じられる。又コーダのカデンツ構造（和声進行）が全てⅠ度―Ⅴ度の交替であり、ポリフォニックにも欠けるため終結部としての単調さ、停滞感は否めないように思う［譜例8］。しかしこの作品にはこれらの欠点を凌駕してあまりある見事な箇所が多数認められる――。管弦楽法も手慣れたものだ。この作品の完成に、ショスタコービッチの費やした時間はそれほど多くはなかったはずである。彼の才能ならば朝めし前であったにちがいない。2, 3日で仕上がったことだろう。すなわち筆者はこのような作品から特に、作曲者の 'アルチザンの技'――職人技――を強く感ずるのである。作曲とは旋律（メロディー）に凝ることでも何でもない。全体をいかに構築してゆくかである。その時、ミクロとマクロの関係は密接なつながりを持ち、バランスを保っていなければならない。手紙を書くように作曲できたのはモーツァルト1人である。もし仮にサン＝サーンス、ミヨー、ヒンデミット、そしてショスタコービッチ等にこの '技' が備わっていなかったならば――彼らはおそらく芸術の領域には属することはなかったであろう――。

譜例8（364小節～）　旋律線とバスに要約し、和声進行を示す。

〈注釈〉 [編集者より]

42小節　コントラバスの3拍目の4分音符は、手稿譜ではオクターブ下の
　　　　ニ(D)音が記されている。

113 - 117小節　手稿譜にティンパニ・パートの記載はない。

247 - 248小節　手稿譜での小太鼓は、右
　　　　　　　　の通り。

263 - 266小節　手稿譜にトランペット及びトロンボーンのアクセントの記
　　　　　　　　載はない。

FESTIVE OVERTURE

D. Shostakovich, Op.96

18

Picc.
Fl.
a 2
Ob.
a 2
Cl.
Fag.
C-fag.
Cor.
Tr-be
Tr-ni e Tuba
Timp.
T-ro
Archi
66

31

4

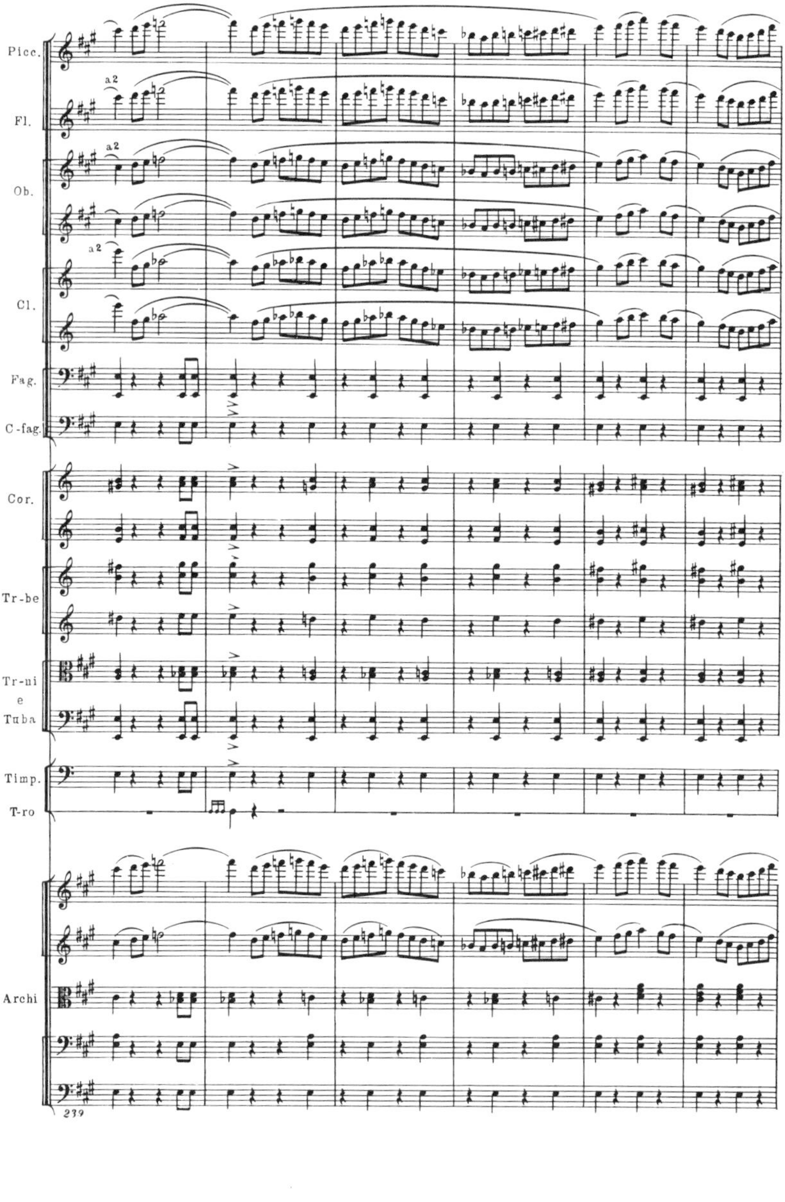
Picc.
a2
Fl.
a2
Ob.
a2
Cl.
Fag.
C-fag.
Cor.
Tr-be
Tr-ni
e
Tuba
Timp.
T-ro
Archi
239

50

51

Picc.
Fl.
a2
Ob.
Cl.
Fag.
C-fag.
Cor.
Tr-be
Tr-ni e Tuba
Timp.
T-no
P-tti
Cassa
ff
8
Archi
293

31
Picc.
Fl.
Ob.
Cl.
Fag.
C-fag.
Cor.
Tr-be
Tr-ni
e
Tuba
Timp.
Tr-lo
T-ro
P-tti
Cassa
Tr-be
Cor.
Tr-ni
Banda
31
Archi
351

372

ショスタコービッチ　祝典序曲	●
解説者 ———————————————	大輪公壱
第1版第1刷発行 —————————	1996年5月20日
第1版第29刷発行 —————————	2023年5月25日
発行 ————————————————	株式会社全音楽譜出版社
—————————————————	東京都新宿区上落合2丁目13番3号〒161-0034
—————————————————	TEL・営業部03・3227-6270
—————————————————	出版部03・3227-6280
—————————————————	URL　http://www.zen-on.co.jp/
—————————————————	ISBN978-4-11-891820-4

複写・複製・転載等厳禁　Printed in Japan

2305093

ZEN-ON POCKET SCORES

松村禎三　MATSUMURA, Teizo
　弦楽のための「プネウマ」（松村禎三作品目録付）（893620）

メンデルスゾーン　MENDELSSOHN-Bartholdy, Felix
　交響曲第 3 番イ短調 作品 56「スコットランド」＊ （897241）　*NEW*
　交響曲第 4 番イ長調 作品 90「イタリア」＊ （897242）　*NEW*
　交響曲第 5 番ニ短調 作品 105「宗教改革」＊ （近刊）
　ヴァイオリン協奏曲ホ短調 作品 64 （891341）

モーツァルト　MOZART, Wolfgang Amadeus
　交響曲第 35 番ニ長調 Kv385「ハフナー」 （890401）
　交響曲第 36 番ハ長調 Kv425「リンツ」 （890402）
　交響曲第 38 番ニ長調 Kv504「プラハ」 （890403）
　交響曲第 39 番変ホ長調 Kv543 （890404）
　交響曲第 40 番ト短調 Kv550 （890405）
　交響曲第 41 番ハ長調 Kv551「ジュピター」 （890406）
　ピアノ協奏曲（第 20 番）ニ短調 Kv466 （890442）
　ピアノ協奏曲（第 23 番）イ長調 Kv488 （890443）
　ピアノ協奏曲（第 26 番）ニ長調 Kv537「戴冠式」 （890441）
　クラリネット協奏曲イ長調 Kv622 （890444）

ムソルグスキー　MUSSORGSKY, Modest
　交響詩「禿山の一夜」（リムスキー＝コルサコフ編）（892251）
　《ホヴァンシチナ》前奏曲（2 つの編曲）（892252）

ムソルグスキー／ラヴェル　MUSSORGSKY / RAVEL
　組曲「展覧会の絵」＊ （892253）　*NEW*

西村 朗　NISHIMURA, Akira
　フルートと管楽と打楽器のための協奏曲＊ （893630）
　流れ 〜闇の訪れたあとに＊　A Stream - After Dark （893631）

尾高尚忠　OTAKA, Hisatada
　第一交響曲（第 1, 2 楽章／ファクシミリ版）＊◆ （893613）
　フルート小協奏曲 作品 30a＊◆ （893614）

プーランク　POULENC, Francis
　ピアノ協奏曲＊ （893521）　*NEW*

プロコフィエフ　PROKOFIEV, Sergei
　古典交響曲（交響曲第 1 番）ニ長調 作品 25＊◆ （892668）
　交響曲第 5 番変ロ長調 作品 100＊ （892665）
　交響曲第 6 番変ホ短調 作品 111＊ （892666）
　交響曲第 7 番嬰ハ短調 作品 131＊◆ （892667）
　《シンデレラ》組曲第 1 番 作品 107＊ （892671）
　《シンデレラ》組曲第 2 番 作品 108＊ （892672）
　《シンデレラ》組曲第 3 番 作品 109＊ （892673）
　「ピーターと狼」作品 67＊〔日本語ナレーション〕 （892670）
　《ロメオとジュリエット》組曲第 1 番 作品 64-bis＊◆ （892661）
　《ロメオとジュリエット》組曲第 2 番 作品 64-ter＊◆ （892662）
　《ロメオとジュリエット》組曲第 3 番 作品 101＊◆ （892663）
　オーケストラのための「ワルツ組曲」作品 110＊◆ （892677）
　「冬のかがり火」作品 122＊◆ （892664）
　交響組曲「1941 年」作品 90＊◆ （892676）
　ピアノ協奏曲第 4 番 作品 53（左手のための）＊◆ （892674）
　チェロのためのコンチェルティーノ 作品 132＊◆ （892675）
　《アレクサンドル・ネフスキー》作品 78＊◆ （892669）

ラフマニノフ　RACHMANINOFF, Sergei
　ピアノ協奏曲第 2 番ハ短調 作品 18＊ （892461）
　パガニーニの主題による狂詩曲 作品 43＊ （892462）

ラヴェル　RAVEL, Maurice
　ボレロ＊ （892472）　*NEW*
　《ダフニスとクロエ》第 2 組曲＊ （892471）

リムスキー＝コルサコフ　RIMSKY-KORSAKOV, Nicolai
　スペイン奇想曲 作品 34 （892452）
　交響組曲「シェエラザード」作品 35＊ （897151）　*NEW*

レスピーギ　RESPIGHI, Ottorino
　交響詩「ローマの松」＊ （892482）
　交響詩「ローマの祭」＊ （892483）
　組曲《シバの女王ベルキス》＊ （892481）

ロッシーニ　ROSSINI, Gioachino
　《セヴィリアの理髪師》序曲 （890752）
　《ウィリアム・テル》序曲 （890751）

サン＝サーンス　SAINT-SAËNS, Camille
　交響曲第 3 番ハ短調 作品 78「オルガン」＊ （897231）　*NEW*
　動物の謝肉祭 （891951）

シューベルト　SCHUBERT, Franz
　交響曲第 8 番ロ短調「未完成」 （897141）　*NEW*
　ピアノ五重奏曲イ長調 作品 114「鱒（ます）」 （890671）

ショスタコーヴィチ　SHOSTAKOVICH, Dmitri
　交響曲第 1 番ヘ短調 作品 10 （891805）
　交響曲第 2 番ロ長調 作品 14「10 月革命」 （891806）
　交響曲第 3 番変ホ長調 作品 12「メーデー」 （891803）
　交響曲第 4 番ハ短調 作品 43 （891804）
　交響曲第 5 番ニ短調 作品 47 （891801）
　交響曲第 6 番ロ短調 作品 54 （891810）
　交響曲第 7 番ハ長調 作品 60「レニングラード」 （891807）
　交響曲第 8 番ハ短調 作品 65 （891808）
　交響曲第 9 番変ホ長調 作品 70 （891809）
　交響曲第 10 番ホ短調 作品 93 （891802）
　交響曲第 11 番ト短調 作品 103「1905 年」 （891811）
　交響曲第 12 番ニ短調 作品 112「1917 年」 （891812）
　交響曲第 13 番変ロ短調 作品 113「バビ・ヤール」 （891813）
　交響曲第 14 番ト短調 作品 135「死者の歌」 （891814）
　交響曲第 15 番イ長調 作品 141 （891815）
　バレエ組曲（ボルト）作品 27a（バレエ組曲第 5 番）＊◆ （891822）
　祝典序曲 作品 96 （891824）
　映画音楽《ハムレット》作品 116（15 曲）＊◆ （891823）
　《ホヴァンシチナ》前奏曲（編曲）―ムソルグスキー参照 （892252）
　ステージ・オーケストラのための組曲［ジャズ組曲第 2 番］＊◆ （891823）
　ピアノ協奏曲第 1 番ハ短調 作品 35 （891845）
　ピアノ協奏曲第 2 番ヘ長調 作品 102 （891846）
　ヴァイオリン協奏曲第 1 番イ短調 作品 77 （891843）
　ヴァイオリン協奏曲第 2 番嬰ハ短調 作品 129 （891844）
　チェロ協奏曲第 1 番変ホ長調 作品 107 （891841）
　チェロ協奏曲第 2 番 作品 126 （891842）
　弦楽四重奏曲集〔合本〕
　　第 1 集（第 1 番 作品 49；第 2 番 作品 68；第 3 番 作品 73）（891851）
　　第 2 集（第 4 番 作品 83；第 5 番 作品 92；第 6 番 作品 101）（891852）
　　第 3 集（第 7 番 作品 108；第 8 番 作品 110；第 9 番 作品 117）（891853）
　　第 4 集（第 10 番 作品 118；第 11 番 作品 122；第 12 番 作品 133）（891854）
　　第 5 集（第 13 番 作品 138；第 14 番 作品 142；第 15 番 作品 144）（891855）
　　未完成の弦楽四重奏曲（第ヵ番 初期稿（1962 年）〕＊ （891856）
　　オラトリオ《森の歌》作品 81＊〔ロシア語歌詞対訳付〕 （891861）

シベリウス　SIBELIUS, Jean
　交響曲第 2 番ニ長調 作品 43＊ （892522）
　交響曲第 5 番変ホ長調 作品 82＊ （892523）
　交響詩「フィンランディア」作品 26＊ （892521）
　「カレリア」組曲 作品 11＊ （892524）
　ヴァイオリン協奏曲ニ短調 作品 47＊ （892525）

スメタナ　SMETANA, Bedřich
　交響詩「モルダウ（ヴルタヴァ）」＊ （897161）　*NEW*

チャイコフスキー　TCHAIKOVSKY, Peter
　交響曲第 4 番ヘ短調 作品 36＊ （897121）　*NEW*
　交響曲第 5 番ホ短調 作品 64＊ （897122）　*NEW*
　交響曲第 6 番ロ短調 作品 74「悲愴」 （897123）　*NEW*
　荘厳序曲「1812 年」作品 49＊ （897126）
　スラヴ行進曲 作品 31＊ （897125）　*NEW*
　組曲《くるみ割り人形》作品 71a＊ （891641）
　弦楽セレナードハ長調 作品 48＊ （897124）　*NEW*
　ピアノ協奏曲第 1 番変ロ短調 作品 23＊ （891661）
　ヴァイオリン協奏曲ニ長調 作品 35＊ （897127）　*NEW*
　弦楽四重奏曲第 1 番ニ長調 作品 11（「アンダンテ・カンタービレ」）＊ （891671）

外山雄三　TOYAMA, Yuzo
　管弦楽のためのラプソディ＊〔改訂版〕 （893650）

ヴィヴァルディ　VIVALDI, Antonio
　協奏曲集「四季」作品 8・1 - 4 （890141）
　フルート協奏曲ト長調 作品 10-1「海の嵐」 （890142）

ワーグナー　WAGNER, Richard
　《さまよえるオランダ人》（さすらいのオランダ人）序曲 （892356）
　《ローエングリン》・第 I, 第 III 幕への前奏曲 （892354）
　《ニュルンベルクのマイスタージンガー》・第 I 幕への前奏曲＊ （897211）　*NEW*
　《パルジファル》・第 1 幕への前奏曲 （892358）
　ジークフリート牧歌 （892357）
　《タンホイザー》序曲〔ドレスデン〕 （892351）
　《トリスタンとイゾルデ》・前奏曲と愛の死 （892352）
　ヴァルキューレの騎行（《ヴァルキューレ》・第 III 幕への前奏曲 （892353）

ウェーバー　WEBER, Carl Maria von
　《魔弾の射手》序曲 （892751）

D. D. ショスタコーヴィチ 生誕 100 年記念
A Celebration of the Centenary of the Birth of Dmitri Dmitrievich Shostakovich
(25.IX.1906 - 9.VIII.1975)

2006年は、20世紀最大の世界的作曲家の一人であるドミトリー・ショスタコーヴィチの生誕100年の年に当たります。
全音は、旧ソ連時代より日本地域におけるショスタコーヴィチの諸作品を独占的に管理し、これまで楽譜の出版ならびに
演奏用マテリアルのレンタル業務も行っております（レンタルお問合せ：TEL:03-3227-6280, FAX:03-3227-6288）。
ここにこれまで全音より出版しました、楽譜全点のリストを掲示しました。

これを機会に、20世紀 激動のロシアを生きたこの偉大な作曲家の楽譜を貴方のライブラリーに加えて、演奏の企画にお役立て下さい。

PIANO SOLO
161121	2 Sonatas Opp.12 & 61	¥1,470
161122	24 Preludes Op.34	¥1,155
161123	24 Preludes & Fugues Op.87	¥3,150
161124	Selected Piano Work	¥1,680

TWO PIANOS
161125	Concerto No.1 Op.35	¥2,100
161126	Concerto No.2 Op.102	¥1,575
161127	Suite Op.6	¥2,310
161128	Concertino Op.94	¥1,260

VIOLIN AND PIANO
337050	Sonata Op.134	¥1,890
337055	Concerto No.1 Op.77	¥2,730
337056	Concerto No.2 Op.129	¥2,625

VIOLA AND PIANO
337051	Sonata Op.147	¥2,100

CELLO AND PIANO
337057	Concerto No.1 Op.107	¥2,100
337058	Concerto No.2 Op.126	¥2,730
337040	Sonata Op.40	¥1,680

MIXED ENSEMBLE (Score & Parts)
590193	Piano Quintet Op.57 [2vln,vla,vlc,pft]	¥4,200
590191	Trio No.1 Op.8 [vln,vlc,pft]	¥2,100
590192	Trio No.2 Op.67[vln,vlc,pft]	¥3,675

CONCERT SONGS [R]: Russian text only
714611	Song Album Vol.1 Opp. 4, 21, 46, 62, 79, 84, 86, 91, 98, 100, etc. [R]	¥4,200
714612	Song Album Vol.2 Opp.109, 121, 123, 127, 128, 143, 145, 146 [R]	¥3,990

CHORAL MUSIC (Piano Vocal Score)
[R]: Russian, [J]: Japanese
718216	The Execution of Stepan Razin Op.119 [R/J]	¥1,890
718213	The Great Day Has Come, Eleven Choral Songs 1941-57 [R]	¥1,995
718210	Ten Poems Op.88 [R]	¥1,365
718211	Ten Russian Folk Songs / Two Russian Folk Songs Op.104 [R]	¥1,890
718214	The Song of the Forests Op.81 [R]	¥1,995

CHORAL MUSIC (cont.)
718212	'Loalty' Eight Ballads for Male Chorus Op.136 [R/J]	¥1,575
718215	'Rayok' [R]	¥1,890

POCKET SCORES
891822	Ballet Suite (No.5) from 'The Bolt' Op.27a	¥1,995
891805	Symphony No.1 Op.10	¥1,155
891806	Symphony No.2 Op.14	¥945
891803	Symphony No.3 Op.20 'The First of May'	¥1,260
891804	Symphony No.4 Op.43	¥1,995
891801	Symphony No.5 Op.47	¥1,365
891810	Symphony No.6 Op.54	¥1,365
891807	Symphony No.7 Op.60 'Leningrad'	¥1,680
891808	Symphony No.8 Op.65	¥1,680
891809	Symphony No.9 Op.70	¥1,260
891802	Symphony No.10 Op.93	¥1,575
891811	Symphony No.11 Op.103	¥1,785
891812	Symphony No.12 Op.112	¥1,680
891813	Symphony No.13 Op.113 'Babi-Yar'	¥2,100
891814	Symphony No.14 Op.135	¥1,260
891815	Symphony No.15 Op.141	¥1,365
891820	Festive Overture Op.96	¥1,050
891841	Cello Concerto No.1 Op.107	¥735
891842	Cello Concerto No.2 Op.126	¥1,260
891843	Violin Concerto No.1 Op.77	¥1,050
891844	Violin Concerto No.2 Op.129	¥1,260
891845	Piano Concerto No.1 Op.35	¥735
891846	Piano Concerto No.2 Op.102	¥1,260
891821	Tahiti Trot Op.16 / Suite No.1 for Jazz Orchestra	¥1,260
891823	Suite for Variety Stage Orchestra (Suite No.2 for Jazz Orchestra)	¥2,800
891861	The Song of the Forests Op.81	¥1,890
891851	String Quartet Nos.1-3	¥1,155
891852	String Quartet Nos.4-6	¥1,050
891853	String Quartet Nos.7-9	¥1,155
891854	String Quartet Nos.10-12	¥1,260
891855	String Quartet Nos.13-15	¥1,155

FACSIMILE EDITION
Symphony No.7 Op.60 'Leningrad' (909000) ¥52,500

(Facsimile edition of the manuscript with a Preface by Manashir Yakubov, in Russian, English, German and Japanese / 257mm x 355mm, pp.160, Delux Cloth bound, Four Colours)

表示の定価は、2006年5月現在の税込価格です。

全音楽譜出版社

Д. Шостакович
D. Shostakovich

ショスタコービッチ作品全集

■すべて全音判（A4判変）■

ショスタコービッチ歌曲集

第1巻 小林久枝 訳／264頁 （714611）
【収録曲目】クルィローフの2つの寓話 op.4／日本の詩人の詩による6つのロマンス op.21／プーシキンの詩による4つのロマンス op.46／6つのロマンス op.62／ユダヤの民族詩から op.79／レールモントフの詩による2つのロマンス op.84／ドルマトーフスキイの詩による4つの歌 op.86／プーシキンの詩による4つのモノローグ op.91／ドルマトーフスキイの詩による5つのロマンス op.98／スペインの歌 op.100／ギリシャの歌／口づけを重ねた

第2巻 小林久枝 訳／248頁 （714612）
【収録曲目】風刺（過去の情景）op.109／5つのロマンス op.121／自作全集への序文とその序文についての短い考察 op.123／A ブロークの7つの詩 op.127／春よ、春よ… op.128／マリーナ・ツヴェターエヴァの7つの詩 op.143／ミケランジェロ・ブオナッロチの詩による組曲 op.145／レビャートキン大尉の4つの詩 op.146

合唱作品（スコア）

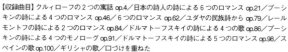

《森の歌》op.81〔ボーカルスコア〕
ドルマトーフスキイ 詩　小林久枝 訳／104頁　（718214）
【曲目】1. 戦いが終わった時／2. 祖国を緑で埋めよう／3. 過ぎし日の追憶／4. ピオネールは木を植える／5. コムソモールは前進する／6. 未来の散策／7. 栄光

《10の詩曲》op.88（無伴奏混声合唱のための）
伊東一郎 訳／岸本力 編／64頁　（718210）
【曲目】1. 友よ、我らは雄々しく進む／2. 彼ら一人なく／3. 街へ出よう！／4. 護送中の出会い／5. 処刑された闘士に／6. 一月九日／7. 最後の銃声も静まり／8. 敵は勝利した／9. 五月の歌／10. 歌

《10のロシア民謡集／2つのロシア民謡 op.104》
伊東一郎 訳／岸本力 編／88頁　（718211）
【曲目】● 10のロシア民謡集 〜1. 突然モスクワ近郊で雷が轟いた／2. 山の、丘の彼方で／3. 槍と剣の森の中から／4. 暗い夜、恐ろしい雲／5. カッコウが鳴いている／6. たいまつ／7. 私のモミの林よ／8. お父さまの緑の庭で／9. 愛しい人に私は言いました／10. 何とすばらしい歌 ● 2つのロシア民謡 op.104 〜1. 風が吹いた／2. 若い私を

男声合唱のための8つのバラード《忠誠》op.136〔無伴奏男声合唱〕
ドルマトーフスキイ 詩　森田稔 訳・解説／岸本力 編／32頁　（718212）

《反形式主義的ラヨーク》ピアノ伴奏付き語り手と4人のバス、混声合唱のための
森田稔 訳・解説／岸本力 演奏アドバイス／64頁　（718215）

《ステパン・ラージンの処刑》op.119〔ボーカルスコア〕
森田稔 訳・解説（対訳）／岸本力 編／72頁　（718216）